I0026270

NOTICE HISTORIQUE

SUR LA MAISON

DE SARRAZIN.

POITIERS, TYPOGRAPHIE DE HENRI OUDIN.

NOTICE HISTORIQUE

SUR LA MAISON

DE SARRAZIN

ORIGINAIRE D'AUVERGNE.

BIBLIOTHÈQUE IMPÉRIALE IMP.

DON.
N° 9781

PAR

ALLYRE DE SARRAZIN.

—

1864

A MES ENFANTS.

—

« Nescire Proavum turpe est. »
CICÉRON.

[8° Lm³ 943

SARRAZIN,

Seigneurs DE LA JUGIE, DE TOURSIAC, DE BONNEFONT, DES MARGOTS, DE LA TOUR-VIDAL, DE GUYMONT, DES FARGES, DE CIOLLET, DE SAINT-PRIÉST, DE CONDAT, DES MARTINS, DE COURTINE, DE LASCOTS, DE LAUBÉPIN, DE BEZAY, DE BROMPLESSÉ, DE LA FOSSE, DE SAINT-DÉONIS, DE LAVAL, DE CHALUSSET, DE PROLLE, DE MONTEL DE HUME, DE PÉRIGÈRES, DE MONS, DE LASSE-LOTS, DE VILLEVIEILLE, DE GIÈLE, DU BREUIL, DE LA BESSE, DE GIOUX, etc.

Barons DE BASSIGNAC et DE LIMONS,

Comtes DE LAVAL et DE BANSON,

Marquis DES PORTES,

Qualifiés comtes et marquis DE SARRAZIN, par lettres, brevets et ordonnances de nos rois.

En Auvergne, Limousin, Bourbonnais, Marche, Vendômois et Poitou.

ARMES :

D'argent à la bande de gueules chargée de trois coquilles d'or.

CIMIER : Un Sarrazin vêtu d'une tunique de gueules à hyéroglyphes de sable.

SUPPORTS : Deux sauvages appuyés sur leurs massues.

CRI DE GUERRE : LA JUGIE ou LA JUZIE !

DEVISE : *Deo et Sancto-Petro.*

Ces armes sont peintes dans l'armorial d'Auvergne, fait

en 1450 par Guillaume Revel, lieutenant d'armes du roi Charles VII, à la page 221, contenant les armes des gentilshommes de la paroisse de Miremont, en Auvergne (Cet ouvrage est conservé à la Bibliothèque impériale, à Paris, cabinet des titres manuscrits).

La branche DE SAINT-DÉONIS a quelquefois écartelé les armes DE SARRAZIN de celles DE VILLELUME.

PRÉLIMINAIRE HISTORIQUE.

La Maison DE SARRAZIN, dont le nom se trouve écrit en latin SARRACINI, CARRACENI et SARRASINI, et en français SARRAZIN, DE SARRASIN et DE SARRAZIN, est l'une des plus anciennes familles chevaleresques de l'Auvergne. Son nom est connu dans cette province depuis le onzième siècle ; les cartulaires du prieuré de Sauxillanges, de la Chartreuse du Port–Sainte–Marie, du Chapitre noble de Saint–Julien de Brioude, font mention d'une quantité de membres de cette famille, depuis l'an 1095 jusqu'en 1397. Un grand nombre de titres originaux établissent authentiquement la filiation suivie de ses différentes branches depuis cette époque jusqu'à nos jours.

La terre de LA JUGIE OU LA JUZIE, située paroisse de Miremont, dans les montagnes occidentales de l'Auvergne, possédée par Géraud DE SARRAZIN en 1230, paraît avoir été le berceau et l'une des principales possessions de la famille. Elle était composée

1

des villages de la Jugie, les Bouchons, Pellefort, Chabannes, Rochemeaux, la Prugne, la Faye, Farges, Ciollet, la Carte, Buffevent, Guymont, la Besse, les Ymbauds, le Teynie, les Fontellas, las Drulhas, Singles, et de beaucoup de dîmes, cens, rentes, droits seigneuriaux, usage de chevalier, avec la haute, moyenne et basse justice dans les paroisses de Miremont, Saint-Priest-des-Champs, Saint-Gervais, Cisternes et Bromont.

Cette importante terre seigneuriale est restée dans la famille DE SARRAZIN jusqu'en 1499. Après la perte de cette terre, la branche aînée de la famille a continué à résider dans la même paroisse de Miremont, au château DE BONNEFONT, jusqu'en 1773, qu'elle s'est établie dans le Vendomois.

.La maison DE SARRAZIN s'est divisée en deux principales branches depuis l'année 1436 : la branche des seigneurs DE LA JUGIE et DE BONNEFONT, en Auvergne, et celle des seigneurs DE LA FOSSE et DE SAINT-DÉONIS en Limousin.

Ces deux branches ont produit plusieurs rameaux, et se sont perpétuées jusqu'à nos jours. Elles ont été maintenues dans leur noblesse d'ancienne extraction en 1610, 1667, 1776, et leurs preuves ont été admises pour l'ordre de Malte, pour la maison royale de Saint—Cyr, pour les pages de la maison du roi et pour les écoles militaires.

Elles se sont alliées aux maisons DE LESPINASSE, D'ABOS, DE SAINT-YRIEIX, D'ESCOT DE BONNEFONT, DE ROCHEFORT, DE SAUVESTRE, DE LEYS, DE MALLERET, DE MAGNAC, D'AURANCHE, DE MONTCLAR, DE MANROT, DE DOUHET, DE MURAT, DE PRADES, DE PONS DE LA GRANGE, DE CHALUS, DE CHAMBAUD, DE CHAPELLE, D'ASTORGUE, D'ANGLARDON, DE BARTHOMIVAT, DE LARFEUIL, DE SEGONZAT, DE BRETANGES, DE SERVIÈRES, D'ALEXANDRE, DE GALLOIS DE BEZAY, DE WISSEL, DE BEAUXONCLES, DE CROY-CHANEL-HONGRIE, DE VOYER D'ARGENSON, DE TRÉMAULT, DE TAILLEVIS DE PERRIGNY, DE GRANDVAL, DE VARVASSE, DE GOULET DE SAUNADE, DE VILLELUME, DE LESTRANGE, DE VALETTE-FRESSANGES, DE BOSREDON, DE CALVIMONT, DE MIRAMONT, DE SCORAILLE, DE MÉRIGOT-SAINTE-FÈRE, DE MONAMY, DE GAIN-MONTAGNAC, D'AUBUSSON DE LA FEUILLADE, DE LA FARGE, DE SAMPIGNY D'ISSONCOURT, DE REYNAUD-MONTLOSIER, DE CAMBEFORT DE MAZIC, DE TAUTAL, DE GRILLON, DE LA SAIGNE-SAINT-GEORGES, DE DURAT, DU PEYROUX, DE LORME DE PAGNAC, DE LAVAL-MURATEL, DE NOZIÈRES-MONTAL, DE LA ROCHEBRIANT, DE LESTANG, DE ROCHEDRAGON, DE COURTHILLE-SAINT-AVIT, DE FEYDEAU, etc.

La maison DE SARRAZIN a fourni quinze chanoines comtes de Brioude depuis l'an 1200 ; un chambellan du roi Saint-Louis, Jean SARRAZIN, historien de la Croisade de 1249, membre du Conseil de Régence en 1270 ; un écuyer tué à la bataille de Poitiers en

1356 ; un chevalier tué à la bataille de Nicopolis en 1396 ; un gentilhomme des ordonnances du roi Henri II, tué à la bataille de Saint-Quentin en 1557 ; un gentilhomme de la chambre du roi Henri IV en 1590 ; un commandant de la compagnie des gens d'armes de la reine Anne d'Autriche en 1625 ; un grand-bailli d'épée du pays de Combrailles en 1750 ; deux lieutenants des maréchaux de France ; un colonel de cavalerie avant la révolution de 1789 ; un député de la noblesse du Vendômois aux États-Généraux de 1789, le comte Gilbert DE SARRAZIN, membre de l'Assemblée constituante ; un général des armées catholiques et royales vendéennes, le comte Guillaume DE SARRAZIN, tué à la bataille de Combré en 1794 ; un lieutenant-colonel d'infanterie de la garde royale, démissionnaire en 1830 ; un grand nombre d'hommes d'armes, de capitaines et d'officiers de nos armées, de chevau-légers, de gardes du corps et de pages de nos rois ; deux chevaliers de Malte, six chevaliers de l'ordre royal et militaire de Saint-Louis, deux chevaliers de la Légion d'honneur ; et enfin, un littérateur distingué, le comte Adrien DE SARRAZIN, auteur du *Caravansérail*, et de plusieurs autres ouvrages remarquables, mort à Vendôme, le 26 septembre 1852, père du chef actuel du nom et des armes.

LISTE

DES

CHANOINES COMTES DE BRIOUDE

DE LA MAISON DE SARRAZIN.

(EXTRAIT DE LA CHRONOLOGIE DU CHAPITRE NOBLE DE SAINT-JULIEN
DE BRIOUDE.)

Pierre DE SARRAZIN (SARRACINI et CARRACINI), en
1200.

Silvestre DE SARRAZIN, 1200.

Guillaume DE SARRAZIN, 1228 à 1257.

Pons DE SARRAZIN, 1238 à 1257.

Ebrard DE SARRAZIN, 1256.

Dracon DE SARRAZIN, 1257.

Salvage DE SARRAZIN, 1257.

Dalmas DE SARRAZIN, 1257.

Bernard DE SARRAZIN, 1263.

Roland DE SARRAZIN, 1277.

Bertrand DE SARRAZIN, 1287.

Roland DE SARRAZIN, 1313.

Guillaume DE SARRAZIN, 1333.

Pierre DE SARRAZIN, 1339.

Ebrard DE SARRAZIN, 1380.

Chevaliers de l'Ordre de Malte.

Marien DE SARRAZIN, reçu chevalier de justice de l'ordre de Malte, dans la langue d'Auvergne, sous le magistère du grand-maître Emmanuel Pinto.

Claude-Louis-Susanne DE SARRAZIN-LAVAL, reçu chevalier de justice de l'ordre de Malte, dans la langue d'Auvergne, sous le magistère du grand-maître Emmanuel de Rohan, le 14 mars 1778.

Chevaliers de l'Ordre royal et militaire de Saint-Louis.

Claude-Louis DE SARRAZIN, comte DE LAVAL, capitaine au régiment de Montmorency, lieutenant des maréchaux de France en Bourbonnais, chevalier de Saint-Louis en 1763.

Alexandre-Philippe-Joseph-François, marquis DE SARRAZIN, major du régiment de Ségur-Dragons, depuis colonel du régiment des chasseurs de Champagne, chevalier de Saint-Louis en 1779.

Gilbert, comte DE SARRAZIN, capitaine au régiment de Noailles-Dragons, lieutenant des maréchaux de France à Vendôme, depuis député de la noblesse aux États-Généraux, chevalier de Saint-Louis en 1781.

Gilbert DE SARRAZIN, comte DE CHALUSSET, capitaine

de cavalerie, chevau-léger de la garde du roi, chevalier de Saint-Louis en 1787.

Marien, chevalier DE SARRAZIN, chevalier de Malte, garde du corps du roi, cavalier-noble à l'armée de Condé, chevalier de Saint-Louis en 1796.

Claude-Louis-Susanne, comte DE SARRAZIN, chevalier de Malte, émigré, lieutenant-colonel, chef de bataillon au 2e régiment de la garde royale, chevalier de Saint–Louis en 1814.

Chevaliers de la Légion d'honneur.

Claude–Louis-Susanne, comte DE SARRAZIN, lieutenant-colonel d'infanterie, chevalier des ordres de Malte et de Saint-Louis, chevalier de la Légion d'honneur en 1822.

Denis-Paul–Alfred, vicomte DE SARRAZIN, sous-préfet des arrondissements de Langres, de Nogent-sur-Seine et de Fontenay-le–Comte, chevalier de la Légion d'honneur en 1860.

GÉNÉALOGIE.

———◆———

PREMIERS DEGRÉS.

TITRES EXTRAITS DES CARTULAIRES DU PRIEURÉ DE SAUXILLANGES, DE LA CHARTREUSE DU PORT–SAINTE–MARIE, DU CHAPITRE DE BRIOUDE, DES ARCHIVES DE L'EMPIRE, ETC.

Étienne DE SARRAZIN figure comme témoin dans un acte par lequel Pons de Léautoing fait don au prieuré de Sauxillanges de la moitié de l'église de Léautoing et de tous les droits qu'il avait dans ses dépendances. Cet acte est du règne du prieur Eustache de Montboissier en 1095. (Cartulaire de Sauxillanges.)

Robert DE SARRAZIN fit don à Dieu, à saint Pierre et aux moines de Sauxillanges de son fils Bompar SARRAZIN, pour un an ; il donne pour sa pension une mule et trois septiers de blé à prendre sur sa dîme de Chàlus ; il se voue, lui, ses fils et toute sa maison à saint Pierre. Cet acte est passé, en présence d'Étienne Bégon et de Bertrand de Moncelle, l'an 1129, temps où le prieur Hélie de Saint-Hilaire gouvernait le monastère de Sauxillanges. (Cartulaire de Sauxillanges.)

Bernard DE SARRAZIN céda à Humbert de Beaujeu tout ce qu'il tenait en fief dans la vallée de Jo, en 1232. (Cet acte est conservé aux Archives de l'Empire, au registre 1389, page 335, des aveux et dénombrements féodaux.)

Géraud DE SARRAZIN consentit à la donation faite par dame Ponce, femme d'Amblard Bochard, aux religieux du Port-Sainte-Marie, du droit de faire paître leurs troupeaux sur les terres de las Drulhas, par acte de l'année 1231. Il fit lui-même, conjointement avec G. SARRAZIN, son fils, don, au même monastère, du droit de pacage sur leurs terres de la Jugie, Chabannes, Buffevent, la Carte, Rochemeaux, la Prade, et sur les mas de Singles, de la Faye et de la Prugne dans le territoire de Miremont. Cette donation faite pour le salut de leurs âmes, par acte du 6 juillet 1232. (Cartulaire du Port-Sainte-Marie.)

Jean DE SARRAZIN, chambellan du roi saint Louis, accompagna ce prince à la Croisade en Égypte en 1249 ; il a laissé une relation de cette Croisade qui se trouve dans les manuscrits de Rothelin à la Bibliothèque impériale, fonds Berthereau, nº 9, depuis la page 49 jusqu'à la page 84, et qui a été publiée par MM. Michaud et Poujoulat, dans leur collection de mémoires relatifs à l'histoire de France. Il est honorablement mentionné par le sire de Joinville et tous les historiens de Saint-Louis. Il fut nommé membre du conseil de régence en 1271, et ne vivait plus en 1275. Sa veuve s'appelait Agnès. (Manuscrits de la Bibliothèque impériale.)

Ébrard DE SARRAZIN, chanoine comte de Brioude, fit son testament en faveur de son neveu Roland DE SARRAZIN, aussi comte de Brioude, en 1296. (Cartulaire de Brioude).

Ithier DE SARRAZIN, chevalier, seigneur de Toursiac, assista comme témoin au traité conclu entre Béraud, sire de Mercœur et Aymar de Poitiers, comte de Valentinois, au mois d'avril 1268. Il épousa Déésse DE LESPINASSE, fille du sire de LESPINASSE, d'une des familles les plus illustres et les plus puissantes de l'Auvergne, alliée aux dauphins D'AUVERGNE et aux vicomtes DE POLIGNAC. Il en eut pour enfants : Hugues DE SARRAZIN, chevalier ; Roland DE SARRAZIN, comte de Brioude, et Blanche DE SARRAZIN, femme de Perrin ABOS, chevalier, qui partagèrent sa succession en 1302. (Coutumes d'Auvergne par Chabrol. — Nobiliaire d'Auvergne par dom Coll.)

Roland DE SARRAZIN, chanoine comte de Brioude, acheta certains cens et rentes de Bertrand de Maynils, damoiseau, par acte du mois de novembre 1279.

Hugues DE SARRAZIN, chevalier, seigneur de Toursiac, est mentionné dans des actes de 1302 et de 1331. (Cartulaire de Brioude.)

Géraud DE SARRAZIN, IIe du 'nom, damoiseau, figure comme témoin dans une charte du seigneur de Miremont, du 4 des nones de janvier 1326. (Titre original en parchemin.)

Étienne DE SARRAZIN, damoiseau, fit hommage au chapitre de Brioude, pour ce qu'il tenait en fief à Espalem, en 1350. (Cartulaire de Brioude.)

Jean DE SARRAZIN DES YMBAUDS fit hommage lige au duc de Bourbon, pour son fief de Layriez et pour tout ce qu'il tenait en fief de la châtellenie d'Herment, en 1348. Il est au nombre des écuyers qui furent tués à la bataille de Poitiers, où périt aussi le duc de Bourbon, le 19 septembre 1356. Il fut enterré dans l'église des Frères mineurs à Poitiers. (Archives de l'Empire, annales d'Aquitaine.)

Jacques DE SARRAZIN était chargé de percevoir les contributions auxquelles le diocèse de Clermont s'était volontairement imposé pour résister aux Anglais en 1396. (Archives de l'Empire.)

Jean DE SARRAZIN, chevalier, fut nommé par le duc de Bourgogne pour accompagner son fils le comte de Nevers, dans sa campagne en Hongrie contre les Turcs, qui finit par la mort de presque tous les croisés à la bataille de Nicopolis en 1396. (Archives de la ville de Dijon.)

Aigline DE SARRAZIN épousa, en 1400 environ, Jacques DE PIERRE, seigneur DE BERNIS; elle fut l'aïeule du célèbre cardinal DE BERNIS, ministre des affaires étrangères en 1757.

Géraud DE SARRAZIN, IIIe du nom, chevalier, seigneur DE LA JUGIE, en 1397, auteur commun des différentes branches de la maison DE SARRAZIN, par qui nous commencerons la filiation suivie de ces différentes branches, et dont l'article suit :

FILIATION.

Ier DEGRÉ.

AUTEUR COMMUN DES DIFFÉRENTES BRANCHES DE LA MAISON DE SARRAZIN.

Géraud DE SARRAZIN, IIIe du nom de Géraud, chevalier, seigneur DE LA JUGIE, dans la paroisse de Miremont en Auvergne. Il fit hommage au seigneur de
Tauzelles, pour un tènement situé dans le mas de
la Besse, paroisse de Cisternes, relevant en fief de
la seigneurie de Tauzelles, par acte du 16 juin 1397.
Il est rappelé comme défunt, et qualifié *Nobilis vir
Geraldus Sarracini, Dominus de la Juzia,* dans un
acte de vente du même mas de la Besse, consenti
par noble homme Louis DE SARRAZIN, damoiseau, l'un
de ses fils, le 5 mai 1436.

Il avait épousé Jeanne DE SAINT-YRIEIX, dame
DE LA FOSSE et DE SAINT-DÉONIS en Limousin, petite-
nièce d'Hélie DE SAINT-YRIEIX, qui fut successivement
évêque d'Uzès, cardinal et évêque d'Ostie, et qui
mourut en 1367.

De ce mariage sont issus :

1° Jean DE SARRAZIN, auteur de la branche des seigneurs DE LA JUGIE et BONNEFONT, qui suit :

2º Guillaume DE SARRAZIN , auteur de la branche des
seigneurs DE LA FOSSE et DE SAINT-DÉONIS , qui
suivra :

3º Antoine DE SARRAZIN , qualifié noble homme dans
l'acte du 5 mai 1436.

4º Louis DE SARRAZIN , damoiseau , qui vendit le mas
de la Besse aux Chartreux du Port–Sainte-
Marie , par acte du 5 mai 1436, auquel assis-
tèrent noble dame Jeanne DE SAINT-YRIEIX , sa
mère , veuve de noble homme Géraud DE SAR-
RAZIN , seigneur DE LA JUGIE, et ses frères. (Cartulaire du Port-Sainte-Marie.)

IIe DEGRÉ.

BRANCHE DES SEIGNEURS DE LA JUGIE ET DE BONNEFONT , COMTES DE SARRAZIN.

Jean DE SARRAZIN , écuyer, seigneur DE LA JUGIE
en 1436, est rappelé comme défunt dans un acte
de donation consentie par noble damoiselle Jeanne
ESCOT , sa veuve , au profit de noble damoiselle
Jeanne DE SAUVESTRE , veuve de noble homme Antoine
DE SARRAZIN , seigneur DE LA JUGIE , son fils , le 24
février 1489.

Il avait épousé Jeanne ESCOT , dame DE BONNEFONT
dans la paroisse de Miremont en Auvergne , sœur de
Jean ESCOT , écuyer , seigneur DE BONNEFONT , et issue

de Guillaume Escot, seigneur DE COURNON, qui prit part à la guerre que Guy II, comte d'Auvergne, fit à son frère Robert, évêque de Clermont, en 1200.

De ce mariage sont issus :

1º Michel DE SARRAZIN, écuyer, seigneur DE LA JUGIE, mentionné avec ses frères dans un acte du 11 janvier 1464, mort sans postérité.

2º Antoine DE SARRAZIN, qui continue la filiation :

3º Marc DE SARRAZIN, écuyer, mentionné dans des actes de 1464 et de 1470.

4º Françoise DE SARRAZIN, femme de Pierre DE RO-CHEFORT, chevalier, baron DE SAINT—ANGEL, mentionnée avec lui dans un acte du 4 novembre 1473.

IIIe DEGRÉ.

Antoine DE SARRAZIN, écuyer, seigneur DE LA JUGIE, mentionné dans des actes de 1464, 1470, 1480 et après sa mort, en 1486, 1489 et 1499.

Il avait épousé Jeanne DE SAUVESTRE, de la famille des comtes DE CLISSON, qui s'est éteinte dans la personne d'Agathe-Geneviève DE SAUVESTRE DE CLISSON, marquise DE LESCURE, aïeule du marquis DE LESCURE, l'illustre général vendéen.

Du mariage d'Antoine DE SARRAZIN et de Jeanne DE SAUVESTRE sont issus :

2

1° Jacques DE SARRAZIN, qui suit :

2° Michel DE SARRAZIN, religieux, à Ébreuil.

3° Antonie DE SARRAZIN, dame DE LA JUGIE, mariée, par contrat du 22 avril 1499, à Pierre DE LEYS, seigneur DE LA JUGIE, dont elle a eu plusieurs enfants. C'est par suite de ce mariage que la terre de LA JUGIE est sortie de la famille DE SARRAZIN qui la possédait depuis l'an 1230.

IVᵉ DEGRÉ.

Jacques DE SARRAZIN, écuyer, seigneur de BONNEFONT, dans la paroisse de Miremont, en Auvergne, mentionné dans des actes de 1499, 1517, 1520, 1537, etc. Il a obtenu de l'évêque de Clermont la permission de faire dire la messe dans son château de Bonnefont, par lettres du 19 mai 1524. Il a fait hommage au roi, aveu et dénombrement de ses fiefs en la sénéchaussée d'Auvergne, le 24 août 1543. Il est du nombre des gentilshommes qui firent partie du ban et arrière-ban de la noblesse d'Auvergne, en 1543, et il ne vivait plus l'année suivante.

Il avait épousé, par contrat passé au château de Flayat, le 3 septembre 1517, Antoinette DE MALLERET, fille d'Hector DE MALLERET, écuyer, seigneur du dit lieu et de FLAYAT, et d'Antoinette DE MAGNAC, petite nièce du cardinal Aymeric DE MAGNAC, évêque de

Paris. La maison DE MALLERET, alliée à celles DE CHAM-
BORANT, DE MONTROGNON, DE CHATEAUBODEAU, D'AURELLE,
DE LA ROCHE-AYMON, est connue depuis 1242; elle
compte parmi ses rejetons un gentilhomme de la
chambre du roi Henri IV, un député de la noblesse
de la Marche aux États-Généraux de 1614, et un
maréchal de camp, élu député de la noblesse de la
Marche aux États-Généraux de 1789, dont la fille
unique épousa le marquis DE LAIZER, colonel de
cavalerie.

Enfants de Jacques DE SARRAZIN et d'Antoinette
DE MALLERET :

1° Annet DE SARRAZIN, qui suit :

2° Claude DE SARRAZIN, écuyer, seigneur DES MARGOTS,
mort sans alliance.

3° Pierre DE SARRAZIN, écuyer, seigneur DE LA TOUR-
VIDAL, homme d'armes des ordonnances du
roi, de la compagnie de la Fayette, mort en
1571, avait épousé, en 1564, Peyronelle D'AU-
RANCHE, dont il a eu :

A   Marguerite DE SARRAZIN, mariée à Michel
BEDEREL DE SAINT-MYON.

B   Blanche DE SARRAZIN, mariée à Antoine
SYMÉON DU MAS.

4° Antoine DE SARRAZIN, écuyer, homme d'armes
des ordonnances du roi, de la compagnie de
Curton.

Vᵉ DEGRÉ.

Annet DE SARRAZIN, écuyer, seigneur DE BONNEFONT, homme d'armes des ordonnances du roi, de la compagnie de la Fayette , mentionné dans des actes de 1544, 1548 et 1551. Il a été tué à la bataille de Saint-Quentin, le 10 août 1557.

Il avait épousé, par contrat passé au château de Montclard, le 6 janvier 1551, Françoise DE MONTCLARD, qui se remaria à Claude DE JADON, seigneur DE BARBESANGES, dont elle eut deux fils; elle était fille d'Antoine, seigneur DE MONTCLARD, issu d'une puissante famille de chevalerie, connue depuis l'an 932, et alliée aux maisons DE NOAILLES, DE LA TOUR D'AUVERGNE, DE SCORAILLE, DE MURAT, DE CHALUS, D'ESPINCHAL, etc.

Du mariage d'Annet DE SARRAZIN et de Françoise DE MONTCLARD sont issus :

1º Pierre DE SARRAZIN, qui suit :

2º Louise DE SARRAZIN, mariée en premières noces à Gaspard DE MANROT, seigneur DE LA PESCHE en Forez , et en secondes noces, en 1593, à noble Roland DU BOYS, originaire de la ville de Paris. Elle est morte sans enfants de ces deux alliances.

VIᵉ DEGRÉ.

Pierre DE SARRAZIN, qualifié noble et puissant sei—

gneur, écuyer, seigneur DE BONNEFONT et DES MAR-
GOTS, capitaine de gens de pied.

Il fut convoqué au ban et arrière-ban de la noblesse d'Auvergne en 1587, et commanda une compagnie de gens de pied catholiques, contre les
huguenots, qui avaient pris et pillé son château de
Bonnefont pendant les troubles de la Ligue. Il fit
hommage au roi de ses fiefs en la sénéchaussée d'Auvergne, le 1ᵉʳ mars 1610, et fut maintenu dans sa
noblesse de race et d'ancienne extraction par sen-
tence de l'Élection de Clermont-Ferrand, du 9 décembre 1610. Il est mort en 1623.

Il avait épousé, par contrat passé au château de
Cussac, le 19 octobre 1583, Françoise DE DOUHET
DE CUSSAC, fille de Jacques DE DOUHET, écuyer, seigneur DE CUSSAC, conseigneur D'AULIAC, et de Gabrielle
DE MURAT, qui était tante de Marguerite DE MURAT,
femme de Jean DE LA TOUR D'AUVERGNE, seigneur de
CHAVANON et D'ALAGNAT, de la famille des ducs DE
BOUILLON, vicomtes DE TURENNE. La maison DE DOUHET,
connue en Auvergne depuis l'an 1283, a produit un
chancelier d'Auvergne, un évêque de Nevers, de
nombreux chevaliers de Malte et comtes de Brioude,
et s'est alliée aux maisons DE BREZONS, DE PONS,
DE TOURNEMIRE, DE PAGNAC, DE BEAUPOIL-SAINT-AU-
LAIRE, DE DIENNE, DE MONTBOISSIER, etc.

De ce mariage sont issus :

1º Jacques DE SARRAZIN, écuyer, seigneur DE BON-
NEFONT et DES MARGOTS, homme d'armes des
ordonnances du roi, de la compagnie de la reine,
officier de chevau-légers, partagea la succession de son père, par acte du 25 novembre 1623,
auquel furent présents ses cousins messires
Antoine DE CHALUS et Bertrand DE SARRAZIN.

Il épousa en 1626 Jeanne BACHELIER, fille de
feu noble Claude BACHELIER et de Jeanne DE
SAIGNES, remariée à François DE NEUFVILLE,
écuyer, seigneur de LA QUEULHE.

Il en a eu :

A. Pierre DE SARRAZIN, écuyer, seigneur DE
SAINT-PRIEST, en Bourbonnais, qui a produit ses titres de noblesse devant l'intendant de la Généralité de Moulins, en
1667, et qui épousa Anne DE BEAUDÉ-
DUIT, d'une ancienne famille du Bourbonnais, dont il n'a pas eu d'enfants.

B. Anne DE SARRAZIN, mariée à Albert COLIN,
seigneur DU PLESSIS LA BARRE, près
Vichy, dont elle a eu plusieurs enfants,
entre autres un fils, prêtre et principal du collége de Châtillon.

2º Gabriel DE SARRAZIN, qui continue la postérité :

3º Antoine DE SARRAZIN, écuyer, seigneur des FARGES-
BONNEFONT, homme d'armes des ordonnances

du roi, de la compagnie de la reine, capitaine au régiment de Bouillon, membre de la noblesse aux États de la province d'Auvergne, en 1651. Il fut nommé tuteur des enfants de son frère Gabriel, en 1644.

4° Marguerite DE SARRAZIN, dite Madame de BONNE-FONT, religieuse bénédictine, au monastère de Braghat.

5° Blanche-Marie DE SARRAZIN, mariée en 1620 à Gabriel DE PRADES, écuyer, seigneur dudit lieu, fils de Jean DE PRADES et de Catherine DE RIGAUD. Elle en a eu un fils : Jacques DE PRADES, seigneur DU PESCHIER et DE PRADES.

VIIe DEGRÉ.

Gabriel DE SARRAZIN, écuyer, puis chevalier, seigneur DE BONNEFONT, DE CONDAT et DE GUYMONT, commandant de la compagnie des gens d'armes de la reine Anne d'Autriche. Il a fait avec la plus grande distinction toutes les guerres du règne de Louis XIII; dans plusieurs occasions importantes, il fut chargé de commander la compagnie des gens d'armes de la reine; et il fit la campagne de Lorraine, en 1635, en qualité de maréchal-des-logis de l'escadron de la noblesse d'Auvergne. Il a été maintenu dans son ancienne noblesse par arrêt de l'Élection de Cler—

mont-Ferrand, du 4 mai 1635. Il n'existait plus en 1638.

Il avait épousé, par contrat passé au château de Polignac, le 17 décembre 1624, Henriette-Marie DE PONS DE LA GRANGE, fille de Gilbert DE PONS, chevalier, seigneur DE LA GRANGE, DE BAR, etc., gouverneur des forteresses de Nonette et d'Usson pour le parti royaliste, pendant les troubles de la Ligue, et de Marie DE CHALUS, qui était fille de Jean DE CHALUS, baron DE CORDÈZ et d'ORCIVAL, et de Jeanne DE CHABANNES, fille de Joachim DE CHABANNES, marquis DE CURTON, chevalier d'honneur de la reine Catherine de Médicis, et de Catherine-Claude DE LA ROCHEFOUCAULD. La maison DE PONS DE LA GRANGE compte trente-sept chanoines-comtes de Brioude depuis l'année 1161, elle a aussi fourni des chevaliers et des commandeurs de l'ordre de Malte, des comtes de Lyon et un évêque de Moulins; elle s'est alliée aux maisons DE DIENNE, d'ORADOUR, DE LA FAYETTE, DE FONTANGES, DE CHAVAGNAC, DE BOUILLÉ, DE GILBERTÈS, d'ANGLARS, DE BREZONS, etc.

De ce mariage sont issus :

1° Christophe DE SARRAZIN, qui suit :

2° Charles DE SARRAZIN, mort au service du roi.

3° François DE SARRAZIN, mort au service du roi.

4° Anne DE SARRAZIN, mariée en 1647 à Martin DE CHAMBAUD DE CHALOUZE, chevalier, seigneur

DE LORMET, fils de Claude DE CHAMBAUD-CHA-
LOUZE, seigneur de LA JAILLE, et de Perrette DE
LORMET. Elle en a eu plusieurs enfants, qui ont
perpétué cette noble famille, originaire du
Vivarais, et illustrée par ses services mili-
taires.

5° Marie DE SARRAZIN, religieuse, au couvent de
Sainte-Ursule, à Clermont.

VIIIe DEGRÉ.

Christophe DE SARRAZIN, chevalier, seigneur DE
BONNEFONT, CONDAT, GUYMONT, FARGES et CIOLET, officier de chevau-légers. Il a servi dans les gardes du
roi Louis XIV, et fait les campagnes du Piémont, du
siége d'Étampes et des Ardennes, de 1654 à 1658,
en qualité de cornette de chevau-légers au régiment
de Canillac. Il a été maintenu dans sa noblesse d'ancienne extraction, le 14 janvier 1667, sur titres par
lui produits devant M. de Fortia, intendant de la
Généralité d'Auvergne. Il a fait hommage au roi de
ses fiefs en la sénéchaussée d'Auvergne, en 1669. Il
est au nombre des seigneurs d'Auvergne qui figurent
dans une revue en 1674. Il est mort en son château
de Bonnefont, le 10 mars 1704.

Il avait épousé, par contrat passé à la Prugne, le
14 juillet 1658, Marie DE CHAPELLE, fille de Pierre

DE CHAPELLE, seigneur DE LA PRUGNE et DE PELLEFORT, et de Peyronelle MANGOT, de la famille de Claude MANGOT, garde des sceaux de France, en 1617.

Il en a eu :

1° Joseph DE SARRAZIN, qui suit :

2° Peyronelle DE SARRAZIN, mariée en 1698 à Jean DE BARTHOMIVAT, seigneur DE LAYAT et DE LA COURTINE, fils de Jean DE BARTHOMIVAT et de Charlotte DE SERVIÈRES. Cette famille était représentée sous la Restauration par le comte BARTHOMIVAT DE LA BESSE, colonel d'un régiment d'infanterie.

3° Anne DE SARRAZIN, mariée à François DE LARFEUIL, seigneur du MAS.

4° Susanne DE SARRAZIN, morte sans alliance.

5° Marie DE SARRAZIN, morte sans alliance.

IXe DEGRÉ.

Joseph DE SARRAZIN, chevalier, seigneur DE CONDAT et DE BONNEFONT. Il a servi au ban et arrière-ban de la noblesse d'Auvergne en 1697, et est mort en 1718.

Il avait épousé, par contrat passé à Ciollet, le 14 octobre 1698, Jeanne D'ASTORGUE DE CHALUDET, élevée par Madame de Maintenon à la maison royale de Saint-Cyr, fille de Jean D'ASTORGUE, chevalier, seigneur DE CHALUDET et DE LASCOTS, capitaine de chevau-légers, et de Gilberte D'ANGLARDON, et sœur de Marie D'ASTORGUE, femme de Philibert DE COMBES, vicomte DE MIREMONT, et de Jacques, comte D'ASTOR-GUE, chevalier de Saint-Louis, capitaine au régiment de Noailles, qui eut deux chevaux tués sous lui à la bataille de Fontenoy. La maison D'ASTORGUE ou D'AS-TORG est connue en Auvergne depuis 1289; elle s'est alliée aux maisons DE NOAILLES, DE BEAUFORT, DE SAL-VERT, D'AUBIGNÉ, DE MONTMORIN, DE ROCHEFORT, DE SERVIÈRES, DE CHOISEUL, etc., et s'est éteinte dans la personne du comte D'ASTORGUE, contre-amiral et député sous la Restauration, dont la fille unique a épousé le comte DE CHOISEUL D'AILLECOURT.

Du mariage de Joseph DE SARRAZIN et de Jeanne D'ASTORGUE sont issus :

1° Claude-Marie DE SARRAZIN, qui suit :

2° François DE SARRAZIN, chevalier, seigneur des MARTINS, lieutenant de cavalerie au régiment de Noailles, mort sans postérité.

3° Louis-Augustin DE SARRAZIN, chevalier, seigneur DE COURTINE, marié à Marie DE BARTHOMIVAT, dont il a eu :

Marie DE SARRAZIN, mariée en 1767 à Gabriel DE SEGONZAT, chevalier, seigneur DU PES-CHIN et DE COURTINE, dont elle a eu :

Étienne DE SEGONZAT, chevalier de Saint-

Louis, officier de l'armée de Condé, mort en 1840 , le dernier de cette ancienne famille, qui avait possédé un grand nombre de fiefs dans les provinces de la Marche et du Bourbonnais.

4° Claude DE SARRAZIN (le jeune), chevalier , seigneur DE LASCOTS, lieutenant d'infanterie au régiment de La Vauguyon, marié à Mademoiselle BARSE DE SAINT-GERVAIS, dont il a eu :

A   Michel , abbé DE SARRAZIN, diacre, pourvu d'un bénéfice sur les économats , mort émigré en Suisse, pendant la Révolution.

B   Marie DE SARRAZIN , mariée à François-Robert DE BRETANGES, d'une ancienne famille d'Auvergne, dont elle n'a pas eu d'enfants.

5° Marie DE SARRAZIN, née en 1700, reçue à la maison royale de Saint-Cyr en 1708, sur preuves de noblesse faites devant M. d'Hozier, juge d'armes de France. Elle y est morte jeune.

6° Peyronelle DE SARRAZIN, née en 1701, reçue à la maison royale de Saint-Cyr en 1709.

7° Amable-Adrienne DE SARRAZIN, née à Versailles en 1709, tenue sur les fonds de baptême par le duc et la duchesse de Noailles , reçue à Saint-Cyr en 1717.

8° Pétronille DE SARRAZIN, née à Bonnefont en 1712, morte en bas âge.

X° DEGRÉ.

Claude-Marie DE SARRAZIN, chevalier, seigneur DE BONNEFONT et DE LAUBÉPIN, garde du corps du roi Louis XV, de la compagnie de Noailles, a fait plusieurs campagnes en cette qualité. Il était né au château de Bonnefont, le 7 mars 1704, et est mort au même lieu, le 23 mars 1745.

Il avait épousé, par contrat passé au château de Couronet, le 3 janvier 1732, Marie DE SERVIÈRES DE COURONET, fille de Jean-Marien DE SERVIÈRES, chevalier, seigneur DE COURONET, DE LAUBÉPIN, etc., et de Gilberte D'ALEXANDRE DE ROUZAT. La maison DE SERVIÈRES, originaire du Limousin, est établie en Auvergne depuis l'an 1447; elle s'est alliée aux familles de LA MARCHE, DE CHALUS, D'AMBRUGEAC, DE BEAUFRANCHET, DU PEYROUX, DE REYNAUD-MONTLOSIER, DE LA SALLE, DE LOUBENS DE VERDALLE, et à celle de l'illustre général DESAIX.

De ce mariage sont issus :

1° Gilbert, comte DE SARRAZIN, qui suit :

2° Marie DE SARRAZIN, née en 1735, morte en bas âge.

3° Pétronille DE SARRAZIN, née en 1736, mariée en 1768 à Charles MAZERON, seigneur DU BLADAIS,

DU Pradeix et de Buffevent, dont elle a eu, entre
autres enfants : Philibert Mazeron du Pradeix,
président du tribunal d'Aubusson, père d'une
fille mariée au vicomte de Courthille de Saint-
Avit, dont la fille a épousé le marquis de Brinon, en 1854.

4º Gilberte de Sarrazin, née en 1737, morte en bas
âge.

XIe DEGRÉ.

Gilbert, comte de Sarrazin, chevalier, seigneur
de Bonnefont et de Laubépin, en Auvergne, de Bezay
et de Bromplessé, en Vendômois; chevalier de l'ordre
royal et militaire de Saint-Louis.

Né au château de Bonnefont, le 31 octobre 1732;
volontaire au régiment de Noailles, cavalerie, en 1755,
cornette en 1757 ; a fait, en cette qualité et en celle
de lieutenant, les campagnes de la guerre de Sept-
Ans, en Allemagne, et s'est particulièrement distingué à la bataille de Crévelt; lieutenant en 1762; aide-
major en 1763 ; capitaine en 1770 ; lieutenant des
maréchaux de France, à Vendôme, en 1775 ; chevalier de Saint-Louis én 1781 ; membre de la noblesse
aux États provinciaux de l'Orléanais, en 1787.

Il fut élu député de la noblesse du Vendômois aux
États-Généraux de 1789, fit partie de l'Assemblée
constituante jusqu'en 1791, et se distingua dans cette

Assemblée par la sagesse et la modération de ses opinions, par son esprit conciliant et lumineux, son dévouement au roi Louis XVI, son amour d'une sage liberté, et son horreur pour les crimes de notre affreuse révolution. Nul ne sut mieux que lui en prévoir les funestes conséquences, et il mit tous ses soins à en garantir le pays dont il était le mandataire. Retiré dans ses foyers pendant la Terreur, il y fut protégé, même aux plus mauvais jours, par l'estime et l'affection de tous ses concitoyens. En 1816, le roi Louis XVIII, qui l'avait personnellement connu à l'Assemblée constituante, le nomma président du collége électoral du département de Loir-et-Cher.

Il avait été maintenu dans son ancienne noblesse, par arrêt de l'Élection de Vendôme, en 1776, et a été titré Comte DE SARRAZIN, par lettres du roi Louis XVI, du 21 juin 1785, et par ordonnance du roi Louis XVIII, du 5 septembre 1816, inscrite au *Bulletin des Lois.*

Il est mort à Vendôme, le 4 août 1825.

Il avait épousé, par contrat passé au château de Bezay, en Vendômois, le 5 octobre 1773. Marie-Suzanne DE GALLOIS DE BEZAY, fille aînée et héritière de Jacques-Honorat DE GALLOIS DE BEZAY, chevalier, seigneur DE BEZAY, BROMPLESSÉ FRILEUZE, LE DÉSERT, VEUVES, etc., capitaine d'infanterie, et de Marie-Charlotte DE BAROUEIL. L'ancienne famille DE GALLOIS

DE BEZAY, éteinte dans celle DE SARRAZIN, avait donné un gentilhomme de la chambre du roi François Ier, un chevalier de Saint-Louis, plusieurs officiers distingués, et s'était alliée aux maisons DE JUSTON, DE ROCHEBOUET, COURTIN DE NANTEUIL, DE LA BONNINIÈRE DE BEAUMONT, SCARRON, DE BETZ, HURAULT DE SAINT-DENIS, D'ILLIERS, DE RABODANGES, DE LUC, DE MONTMARIN, DE MAHY, DE THISART DU COUDRAY, DE MONTLÉART, DU TROCHET, et par cette dernière aux MONTESQUIOU et aux LA ROCHEFOUCAULD.

De ce mariage sont nés :

1º Adrien-Jean-Paul-François-Anne, comte DE SARRAZIN, qui suit :

2º Augustin-Charles-Antoine, vicomte DE SARRAZIN, auteur de la branche des vicomtes DE SARRAZIN, qui suivra après la postérité de son frère aîné.

3º Henriette-Charlotte DE SARRAZIN, née en 1779, morte en bas âge.

4º Anne-Pauline DE SARRAZIN, née en 1783, morte sans alliance, à Vendôme, en 1851.

XIIe DEGRÉ.

Adrien-Jean-Paul-François-Anne, comte DE SARRAZIN, né au château de Bezay, le 25 octobre 1775, reçu élève du roi à l'école militaire en 1787, entré à l'école d'artillerie de Brienne en 1791, en a été chassé comme noble en 1793. La Révolution l'ayant empêché de suivre la carrière des armes, qui avait été celle de tous ses ancêtres, il a consacré sa vie à l'étude des arts et des lettres. Il débuta par une imitation en vers du *Printemps* (de Kleist), du *Premier navigateur* et du *Tableau du déluge* (de Gessner), et d'une *Elégie sur un cimetière de campagne* (de Gray). Il se fit remarquer en 1802 par une défense du poëme de *la Pitié* (de Delille), qui fut insérée dans l'édition complète des œuvres de cet auteur. Il a successivement publié depuis cette époque, *le Caravansérail, Recueil de Contes orientaux, Contes nouveaux* et *Nouvelles nouvelles, Bardouc ou le Pâtre du mont Taurus ;* il est aussi l'auteur d'une comédie en vers intitulée *l'Auteur et le Critique,* qui fut jouée au Théâtre-Français en 1811. Il a été l'un des principaux rédacteurs du journal *les Archives littéraires,* et a été chargé de la critique littéraire de plusieurs journaux importants. Dans ses dernières années, il s'occupait encore d'un ouvrage de haute philosophie morale, intitulé *les Caractères de la pensée,* qu'il a laissé inachevé.

Royaliste et libéral, il refusa de servir le gouvernement de Napoléon Ier. Au commencement de la Restauration, il a rempli pendant quelque temps les fonctions de chef du cabinet du duc Decazes, principal ministre de Louis XVIII; mais la conduite politique de ce ministre se trouvant

3

en désaccord avec ses opinions, il n'hésita pas à donner sa démission. En 1828, le parti royaliste constitutionnel du collége électoral de Vendôme l'a porté comme candidat à la députation; il n'a pas été élu, le candidat de l'opposition révolutionnaire l'ayant emporté. Il est mort à Vendôme, le 26 septembre 1852.

Il avait épousé, au château de Viévy (Loir-et-Cher), le 15 septembre 1817, Marie-Adélaïde DE WISSEL, fille de Charles-Augustin, baron DE WISSEL, colonel de cavalerie, chevalier de l'ordre royal et militaire de Saint-Louis, et de Catherine-Eléonore DE BEAUXONCLES, dernière héritière de l'ancienne maison DE BEAUXONCLES, l'une des plus illustres de l'Orléanais, qui avait produit un capitaine des gardes du corps du roi François Ier, un vice-amiral, deux gouverneurs de la ville de Dieppe, des capitaines d'hommes d'armes, des chambellans, des gentilshommes de la chambre du roi, des chevaliers des ordres de Saint-Michel et du Saint-Esprit, et s'était alliée aux maisons D'AVAUGOUR, D'ANTHENAISE, DE BEAUVILLIERS, DE ROCHECHOUART-MORTEMART, DE MONTMORENCY, DE L'HOPITAL, DE LÉVIS, DE SAINTRÉ, DE MALHERBE, DE CERISY, DE GUYON-MONTLIVAULT, etc. La famille DE WISSEL, originaire d'Allemagne, établie en Berry et en Touraine depuis plusieurs siècles, a donné un grand nombre d'officiers distingués et de chevaliers des ordres de Saint-Michel, de Saint-Louis et de Malte ; elle s'est alliée aux maisons de LA CHATRE, D'AUBUSSON, DE TRAGIN, DE FOURNEAUX, DE BARBANÇOIS, DE LEZAY-LUSIGNAN, DE FRANÇOIS, DE GOYON, DE LA MYRE, DE GIVERVILLE, DE TRÉMIOLLES, DE CHATEAUBODEAU, DE MAROLLES, DU PUY, DE POIX, DE ROLLIN, DE TRÉMAULT, DE MAIN-VILLE, etc.

Devenu veuf, le 3 novembre 1820, le comte Adrien DE SARRAZIN a épousé en secondes noces, au Mans, le 22 janvier 1827, Monique GASSELIN DE RICHEBOURG, fille de Nicolas–Charles GASSELIN DE RICHEBOURG, officier de la maison du roi Louis XVI, et de Marie–Anne LE ROMAIN DU CLOS. Il n'en a pas eu d'enfants.

Du 1er mariage du comte Adrien DE SARRAZIN, et de Marie-Adélaïde DE WISSEL sont issus :

1º Allyre–Charles–Augustin, comte DE SARRAZIN, qui suit :

2º Marie-Adélaïde-Eléonore DE SARRAZIN, née à Paris le 17 août 1818, morte au berceau.

XIIIe DEGRÉ.

Allyre-Charles-Augustin, comte DE SARRAZIN, né à Vendôme le 10 août 1820, licencié en droit en 1844, a fait l'acquisition de la terre de la Boutelaye, en Poitou, en 1853, et y réside depuis cette époque. Il a épousé, au château de la Guerche (Indre–et-

Loire), le 2 juillet 1850, Claire-Marie-Gabrielle DE
CROY, fille d'André–Rodolphe-Claude–François-Si-
méon, comte DE CROY-CHANEL DE HONGRIE, chevalier
héréditaire de l'ordre de Malte, membre du conseil-
général du département d'Indre-et-Loire, issu de la
famille des rois de HONGRIE de la race de SAINT-
ETIENNE ou des ARPAD, et de Victorine DE VOYER
D'ARGENSON, qui était fille du marquis D'ARGENSON,
ancien député, et de Sophie DE ROSEN, veuve du
prince de BROGLIE, maréchal de camp; descendante
du marquis D'ARGENSON, garde des sceaux en 1718,
du comte D'ARGENSON, ministre de la guerre en 1743,
du comte DE ROSEN, maréchal de France en 1703, et
du comte DE MAILLY, maréchal de France en 1783,
sœur utérine du duc DE BROGLIE, ministre des affaires
étrangères en 1832, et alliée aux familles DE LASCOURS,
D'OYRON, DE MOGES, DE L'AIGLE, DE MENOU, DE MURAT,
DE CHABANNES, DE MONTMORENCY-LAVAL, DE MONT-
MORENCY-LUXEMBOURG, etc.

De cette alliance sont issus :

1° Raoul-Gilbert-Adrien-Victor DE SARRAZIN, né à
Tours, le 19 mars 1852.

2° Adrien-Jean-Gabriel DE SARRAZIN, né au château
de la Boutelaye, le 7 août 1858.

BRANCHE

DES VICOMTES DE SARRAZIN,

ISSUE DES SEIGNEURS DE BONNEFONT.

—

XIIe DEGRÉ.

Augustin-Charles-Antoine, vicomte DE SARRAZIN, second fils de Gilbert, comte DE SARRAZIN DE BONNEFONT, chevalier de l'ordre royal et militaire de Saint-Louis, et de Marie-Suzanne DE GALLOIS DE BEZAY. Il est né au château de Bezay, le 7 février 1777, et a rempli, sous la Restauration, les fonctions de maire de la commune de Lunay, de membre du conseil d'arrondissement, et de lieutenant-colonel des gardes nationales de l'arrondissement de Vendôme. Il est mort à Vendôme, le 26 février 1864.

Il avait épousé, le 23 mai 1800, Marie-Geneviève-Elisabeth DE TRÉMAULT, fille d'Elisabeth-Denis DE TRÉMAULT DE LA BLOTINIÈRE, chevalier de l'ordre royal et militaire de Saint-Louis, mousquetaire de la garde du roi Louis XVI, et de Marie–Jeanne-Elisabeth DE TAILLEVIS DE PERRIGNY DE JUPEAUX. La famille de TRÉMAULT, l'une des plus anciennes du Vendômois, a fourni un conseiller d'État sous Henri IV, un conseiller au Parlement de Bretagne, plusieurs officiers supérieurs, des chevaliers des ordres de Saint-Michel, de Saint-Lazare, et de Saint-Louis, et s'est alliée aux maisons DE MOULINS-ROCHEFORT, DE BAILLEUL, D'ARGOUGES, DE VIC, DE CHABOT, DE BRAGELONNE, DE SAINTE-MARTHE, DU PRÉ-SAINT-MAUR, D'ARCHAMBAULT, D'ARROS, DE WISSEL, DE MONTIGNY, DE CAMBIS, DE LAMOLÈRE, DE ROSTAING, DE FONTENAY, etc.

De ce mariage sont issus :

1º Denis–Paul–Alfred, vicomte DE SARRAZIN, qui suit :

2º Adrienne–Marie-Denise DE SARRAZIN, née en 1806, morte à Paris, en 1849 ; elle avait épousé, en 1833, Francisque BARBAT DU CLOSEL, fils de Guillaume-Michel BARBAT DU CLOSEL, officier de la Légion d'honneur, conseiller de préfecture, à Paris, et arrière petit-fils de Jacques BARBAT, seigneur DU CLOSEL, conseiller du roi en la Sénéchaussée d'Auvergne, et de Catherine DE CHABROL, grande-tante du comte DE CHABROL DE CROUZOL, pair de France, chevalier de l'ordre du Saint-Esprit, ministre de la marine du roi Charles X, et du comte DE CHABROL DE VOLVIC, grand'croix de la Légion d'honneur, préfet de la Seine sous la Restauration. De ce mariage est né un fils unique : Raoul DU CLOSEL.

XIII° DEGRÉ.

Denis-Paul-Alfred, vicomte DE SARRAZIN, chevalier de la Légion d'honneur. Né au château de la Mézière (Loir-et-Cher), le 3 novembre 1810; reçu élève à l'école militaire de Saint-Cyr en 1829, démissionnaire en 1830 ; lieutenant de louveterie de l'arrondissement de Vendôme en 1840; Sous-Préfet des arrondissements de Langres, de Nogent—sur-Seine et de Fontenay-le-Comte, de 1851 à 1863; chevalier de la Légion d'honneur en 1860.

Il a épousé à Paris, le 6 février 1839, Elise-Julie-Charlotte ENLART DE GRANDVAL, fille d'Amable-Joseph-Marie ENLART, vicomte DE GRANDVAL, et de Marie-Charlotte-Adélaïde VARLET DE LA VALLÉE, petite-fille de Grégoire-Joseph-Marie ENLART DE GRANDVAL, chevalier, procureur-général au conseil-provincial d'Artois avant la Révolution, et nièce de Marie-Joséphine ENLART DE GRANDVAL, vicomtesse DE BÉTHUNE, femme du vicomte de BÉTHUNE des princes DE BÉTHUNE-HESDIGNEUL, colonel de cavalerie et gentilhomme d'honneur de S. A. R. le comte d'Artois.

De ce mariage sont issus :

1° René-Amable-Alfred DE SARRAZIN, né au château de la Mézière, le 29 mai 1843, reçu élève à l'école militaire de Saint-Cyr en 1862.

2° Marguerite-Denise-Marie DE SARRAZIN, née à Vendôme, le 1er février 1840.

BRANCHE

—

IIe DEGRÉ.

Guillaume DE SARRAZIN, écuyer, seigneur DE
LA FOSSE et DE SAINT-DÉONIS en Limousin, fils de
Géraud III DE SARRAZIN DE LA JUGIE, et de Jeanne DE
SAINT—YRIEIX. Il est mentionné avec sa mère et ses
frères dans un acte du 5 mai 1436. Ses armes
(*d'argent à la bande de gueules chargée de trois coquilles
d'or*) sont peintes dans l'armorial d'Auvergne de
l'année 1450. Il est encore mentionné, avec son fils
aîné, dans un acte du 23 août 1463.

Il avait épousé Dauphine DE VARVASSE, d'une
ancienne famille de chevalerie, qui a donné un
chanoine comte de Brioude, en 1345, et qui s'est
alliée à l'illustre maison DE CHALUS.

De ce mariage sont issus :

1o Florimond DE SARRAZIN, écuyer, seigneur DE LA
FOSSE et de SAINT-DÉONIS, mentionné dans des
actes de 1463 et 1474, mort sans postérité.

2º Hugues DE SARRAZIN, écuyer, mentionné, avec son frère aîné, dans un traité qu'ils firent avec le comte de Ventadour, en 1474, aussi mort sans postérité.

3º Antoine DE SARRAZIN, qui suit :

IIIᵉ DEGRÉ.

Antoine DE SARRAZIN, Iᵉʳ du nom de cette branche, écuyer, seigneur DE LA FOSSE et de SAINT-DÉONIS, héritier des précédents. Il vendit la terre de Saint-Déonis que son fils racheta en 1546.

Il avait épousé Blanche DE GOULET, fille de Philippe DE GOULET, écuyer, seigneur DE SAUNADE, en Combrailles. Après la mort d'Antoine DE SARRAZIN, elle épousa en secondes noces noble homme Mᵉ Jean APCHIER, avocat au Parlement.

Du mariage d'Antoine DE SARRAZIN et de Blanche DE GOULET, est né :

Antoine II DE SARRAZIN, qui suit :

IVᵉ DEGRÉ.

Antoine DE SARRAZIN, IIᵉ du nom, écuyer, seigneur DE LA FOSSE. Il est mentionné dans des actes de 1540, 1544 et 1546. Il fit partie des gentilshommes convoqués au ban et arrière-ban de la noblesse d'Auvergne, en 1543.

Il avait épousé Jeanne DE VILLELUME, fille de Pierre DE VILLELUME, écuyer, seigneur dudit lieu et de BARMONTEL, et de Charlotte DE SAINT-GEORGES, et sœur de Guillaume DE VILLELUME, baron DE BARMONTEL, chevalier de l'ordre du roi, fait prisonnier à la bataille de Saint-Quentin, en 1557. La maison DE VILLELUME descend de Guillaume de VILLELUME, chevalier, qui fut l'un des principaux pleiges du dauphin d'Auvergne, comte de Clermont, dans le traité conclu entre ce prince et le roi Philippe-Auguste, en 1199; elle s'est alliée aux familles DE SAINT-NECTAIRE, DE ROCHEFORT, DE CHALUS, DE MONESTAY-CHAZERON, DE HAUTEFORT, DE LÉNONCOURT, DE MONT-MORENCY, DE TALARU, DE BAUFFREMONT, DE LIGNAUD DE LUSSAC, DE SOMBREUIL, D'HARAMBURE, DE ROFFIGNAC, etc. Depuis cette alliance, les descendants d'Antoine DE SARRAZIN DE LA FOSSE, et de Jeanne DE VILLELUME ont écartelé les armes DE SARRAZIN de celles DE VILLELUME, qui sont : *d'azur à dix besants d'argent*, jusqu'en 1667; ils ont repris les armes pleines de la maison DE SARRAZIN, depuis cette époque.

De ce mariage est né :

Guillaume II DE SARRAZIN, qui suit :

Ve DEGRÉ.

Guillaume DE SARRAZIN, IIe du nom, écuyer, seigneur DE LA FOSSE et DE SAINT-DÉONIS, mentionné dans des actes de 1563 et 1575.

Il épousa, par contrat du 15 juillet 1565, Madeleine DE LESTRANGE, fille de Louis DE LESTRANGE, baron DE MAGNAC, chevalier de l'ordre du roi, lieutenant-général au gouvernement de la province de la Marche, d'une illustre et antique famille de chevalerie du Limousin, qui a produit un archevêque de Rouen, en 1377, un évêque du Puy, un grand-maréchal de l'ordre de Malte, plusieurs officiers généraux, et s'est alliée aux maisons DE BONNEVAL, D'ESTAING, DE LANGEAC, DE CHABANNES, DE HAUTEFORT, DE ROCHEDRAGON, DE GAIN-MONTAGNAC, D'APCHIER, D'ARFEUILLE, DE LA SAIGNE-SAINT-GEORGES, etc.

De ce mariage est né :

Louis DE SARRAZIN DE LA FOSSE, qui suit :

VIe DEGRÉ.

Louis DE SARRAZIN, dit DE LA FOSSE, chevalier, seigneur DE LA FOSSE et DE SAINT-DÉONIS, gentilhomme de la chambre du roi. Le roi Henri IV le nomma l'un des cent gentilshommes de sa chambre, en 1590, sur la démission de Jean de Malleret, seigneur de Flayat, et pour le récompenser de sa fidélité, et d'avoir maintenu tout le pays de son voisinage dans la paix et l'obéissance, pendant les troubles de la Ligue. Le même roi lui fit don d'une somme de mille écus, en considération de ses fidèles et recommandables services, par ordonnance signée à Mantes le 1er janvier 1594.

Il avait épousé, par contrat du 19 février 1591, Marguerite VALETTE DE FRESSANGES, fille de François VALETTE, écuyer, seigneur DE FRESSANGES, d'une très-ancienne famille, originaire des limites du Limousin et de la Marche, distinguée dans la robe et dans l'épée, et alliée aux maisons DE CHAUSSECOURTE, DE PLANTADIS, DE COMBES, DE CHABANNES, DE CHAUVIGNY DE BLOT, DE BRINON, D'AURELLE, etc.

De ce mariage sont issus :

1º Jean DE SARRAZIN DE LA FOSSE, qui suit :

2º François DE SARRAZIN DE LA FOSSE, écuyer; il faisait partie, en 1628, d'une compagnie de cinquante gentilshommes du Limousin, qui se trouvaient à cheval au camp de la Rochelle, sous les ordres de Jean de Pompadour, baron de Laurières.

3º Jacques DE SARRAZIN DE LA FOSSE, Prieur du Feix et de la Roche.

4º Marien DE SARRAZIN DE LA FOSSE, écuyer.

5º Belin DE SARRAZIN DE LA FOSSE, écuyer, seigneur
  DU BREUIL.

6º Marguerite DE SARRAZIN DE LA FOSSE, mariée au
  seigneur DE LA ROCHE DE WELTES, petit-fils de
  Jean DE WELTES, ambassadeur de l'empereur
  Maximilien, en France, où il se fixa après
  avoir été confirmé dans sa noblesse, en 1513.

7º Philippe DE SARRAZIN DE LA FOSSE.

8º Légère DE SARRAZIN DE LA FOSSE.

  Tous ces enfants étaient sous la tutelle de leur
  oncle, François VALETTE, seigneur de FRES-
  SANGES, en 1608, après la mort de leur père.

VIIᵉ DEGRÉ.

Jean DE SARRAZIN DE LA FOSSE, écuyer, seigneur DE
LA FOSSE et DE SAINT-DÉONIS. Il fit hommage au duc
de Ventadour de ses fiefs et seigneuries de LA FOSSE
et de SAINT-DÉONIS, relevant en fief noble du duché
de Ventadour, en 1635.

Il avait épousé, par contrat du 14 juillet 1624,
Marie DE BOSREDON, fille de Jean DE BOSREDON, chevalier, seigneur DES SALLES, et de Madeleine DE
CALVIMONT, arrière-petite-fille de Jean DE CALVIMONT,
vicomte DE ROUSSILLE, ambassadeur de France auprès
de Charles-Quint, et de Marguerite DE TALLEYRAND-
PÉRIGORD. La maison DE BOSREDON, l'une des plus

considérables de l'Auvergne, compte parmi ses
ancêtres : Louis DE BOSREDON, Grand-Maître de la
maison du roi' en 1415, favori de la reine Isabeau
de Bavière ; elle a fourni plus de vingt chevaliers
et commandeurs de l'ordre de Malte, et s'est alliée
aux maisons D'AUBUSSON-LA-FEUILLADE, DE CHALUS,
DE FOIX, DE MURAT, DE LIGNERAC, ducs DE CAYLUS, DE
SARTIGES, DE VICHY, etc.

De ce mariage sont issus :

1º François DE SARRAZIN DE LA FOSSE, qui suit :

2º Jacques DE SARRAZIN, écuyer, seigneur DE LA
FOSSE et DE SAINT-HIPPOLYTE, marié à Jeanne
DE L'ESTANG, fille de Pierre DE L'ESTANG, conseiller au Parlement, et d'Antoinette DE DOUHET,
et nièce de Jacques DE L'ESTANG, président
au Parlement de Toulouse, et de Christophe
DE L'ESTANG, maître de la chapelle du roi
Louis XIII, nommé Prélat-Commandeur de
l'ordre du Saint-Esprit, en 1619, d'une ancienne
famille de Brives-la-Gaillarde, en Limousin.

Il en a eu :

A. Jean-Louis DE SARRAZIN.

B. Jacques-Barthélemy DE SARRAZIN.

C. Guy-Marien DE SARRAZIN.

D. Jules-Alexandre DE SARRAZIN.

Ils étaient sous la tutelle de leur
oncle Jean DE L'ESTANG, et habitaient la

paroisse de Saint-Hippolyte, élection
de Tulle en Limousin, lorsqu'ils furent
maintenus dans leur ancienne noblesse, conjointement avec leur oncle,
François DE SARRAZIN DE LA FOSSE-
SAINT-DÉONIS, par M. d'Aguesseau, intendant de la généralité de Limoges,
le 11 septembre 1667. Leur destinée
ultérieure ne nous est pas connue.

VIIIᵉ DEGRÉ.

François DE SARRAZIN DE LA FOSSE, chevalier, seigneur DE SAINT-DÉONIS, DU BREUIL, DE LAVAL, etc. Il a
été maintenu dans sa noblesse d'ancienne extraction,
le 11 septembre 1667, sur titres par lui produits devant M. d'Aguesseau, intendant de la généralité de
Limoges.

Il avait épousé en premières noces, par contrat
du 29 janvier 1656, Anne DE MIRAMONT, fille
d'Henri DE MIRAMONT, chevalier, seigneur DE CHA-
DABEL et DE LAVAL, et de Marguerite DE SCORAILLE,
d'une illustre famille à laquelle appartenait Marie-
Angélique DE SCORAILLE, duchesse DE FONTANGES.

Il épousa en secondes noces, par contrat du 22
juillet 1663, Jeanne MÉRIGOT DE SAINTE-FEYRE, fille de
Gabriel MÉRIGOT, chevalier, marquis DE SAINTE-FEYRE,

DE LA TOUR, etc., grand-sénéchal de la province de la Marche, et de Marie DU RIEUX.

Il a eu pour enfants :

1º Léonard DE SARRAZIN, qui suit :

2º François DE SARRAZIN DU BREUIL, auteur de la branche éteinte des seigneurs DE GIOUX, marquis DE SARRAZIN, établie à Felletin, dans La Marche, qui suivra :

3º Claude DE SARRAZIN DE LAVAL, prêtre de la congrégation de l'Oratoire.

4º Louise DE SARRAZIN DE SAINT-DÉONIS, mariée à Nicolas DE MONAMY, chevalier, seigneur DE LA COURTINE. Elle a été l'aïeule du baron DE MONAMY, qui fut convoqué à l'assemblée de la noblesse du Bas-Limousin, à Tulle, en 1789.

5º Gabrielle DE SARRAZIN DE LAVAL, reçue à la maison royale de Saint-Cyr, sur preuves de noblesse faites devant M. d'Hozier, juge d'armes de France, en 1686.

IXᵉ DEGRÉ.

Léonard DE SARRAZIN, chevalier, seigneur DE LA FOSSE, DE SAINT-DÉONIS, DE LAVAL, DE PAICHARDY, baron DE BASSIGNAC, etc.

Il épousa, par contrat du 27 juillet 1692, passé au château de Montagnac, Louise DE GAIN-MONTAGNAC,

fille de Jean-Louis DE GAIN, chevalier, marquis
DE MONTAGNAC, lieutenant-général des armées du
roi, et d'Anne DE LESTRANGE. La maison DE GAIN
DE MONTAGNAC et DE LINARS descend de Guy DE GAIN,
chevalier, en 1056 ; elle a donné un chevalier croisé,
huit chevaliers de Malte, deux comtes de Lyon et
deux lieutenants-généraux des armées du roi.

De cette alliance sont issus :

1° Henri-Marien DE SARRAZIN DE LAVAL, auteur de la
branche éteinte des comtes DE LAVAL, qui suivra
après la postérité de son troisième frère :
2° Jean-Louis DE SARRAZIN DE LA FOSSE, auteur de
la branche éteinte des comtes DE BANSON, qui
suivra après la postérité de ses frères :
3° Jean-Louis DE SARRAZIN DE BASSIGNAC, qui continue la filiation :

Xe DEGRÉ.

Jean-Louis DE SARRAZIN, chevalier, baron DE
BASSIGNAC, lieutenant de cavalerie.

Il épousa, par contrat du 11 juin 1732, Marie
D'AUBUSSON, comtesse DE CHALUSSET, fille de Marien
D'AUBUSSON, chevalier, seigneur DE SERVIÈRES, et
de Charlotte DE RAVEL, et donataire, par acte du
28 avril 1724, de son oncle Hyacinthe D'AUBUSSON,
comte DE BANSON et DE CHALUSSET, de l'illustre maison

des vicomtes D'AUBUSSON, ducs DE LA FEUILLADE, qui descend de Ranulfe, vicomte D'AUBUSSON, en 887 ; s'est alliée aux plus grandes familles de l'Europe, a produit deux cardinaux, deux maréchaux de France, des ducs et pairs, des chevaliers des ordres du roi, et l'un des plus illustres guerriers de la chrétienté, dans la personne de Pierre D'AUBUSSON, grand-maître de l'ordre de Saint-Jean de Jérusalem, qui contraignit les Turcs à lever le siége de Rhodes, en 1480.

De ce mariage sont issus :

1º Pierre–Antoine–Louis, vicomte DE SARRAZIN D'AUBUSSON, baron DE BASSIGNAC, page de la reine Marie Leczinska, en 1745, officier aux chevau-légers de la garde du roi Louis XV, mort sans alliance.

2º Gilbert, comte DE SARRAZIN–CHALUSSET, qui continue la postérité :

3º Marien, chevalier DE SARRAZIN, chevalier des ordres de Malte et de Saint–Louis, garde du corps des rois Louis XV et Louis XVI, cavalier-noble à l'armée de Condé, reçu chevalier de Saint-Louis par le prince de Condé, en 1796, mort dans l'émigration.

4º Anne DE SARRAZIN–CHALUSSET, mariée à son cousin-germain, Augustin DE SARRAZIN, comte de BANSON.

5º Jeanne DE SARRAZIN, religieuse.

6º, 7º, 8º, 9º, un garçon et trois filles, morts sans
alliance.

XIᵉ DEGRÉ.

Gilbert DE SARRAZIN, comte DE CHALUSSET, chevalier,
baron DE BASSIGNAC, seigneur DE CHALUSSET, PROLLE,
MONTEL DE HUME, etc., chevalier de l'ordre royal et
militaire de Saint – Louis. Il fut successivement
chevau-léger de la garde du roi, capitaine de cavalerie, officier supérieur à l'armée de Condé. Il
assista comme parent au contrat de mariage de Gilbert
DE SARRAZIN DE BONNEFONT, et de Marie–Suzanne DE
GALLOIS DE BEZAY, en 1773. Il fut nommé chevalier
de Saint-Louis en 1787, et a été qualifié comte DE
SARRAZIN DE CHALUSSET par brevet du roi Louis XVI,
de l'année 1788. Il est mort pendant l'émigration.

Il avait épousé à Clermont-Ferrand, Marie DE LA
FARGE, d'une famille dont les armes figurent dans
l'armorial d'Auvergne de 1450, et qui était fille de
Guillaume DE LA FARGE, écuyer, et de Marie BOUCHARD.

De ce mariage sont issus :

1º Guillaume, comte DE SARRAZIN, maréchal de
camp des armées du roi. D'abord page du roi
Louis XVI, il a servi dans les gardes du corps,
puis dans la garde constitutionnelle du roi;

après avoir défendu ce malheureux prince, le
10 août 1792, il alla se joindre aux vendéens
révoltés contre le despotisme sanguinaire de la
Convention, combattit avec eux à la défaite du
Mans, et mérita par son courage et ses talents
de devenir un de leurs chefs. Maréchal de camp,
général en chef des armées catholiques et
royales sur la rive droite de la Loire, il fut
tué à la prise de Combré, le 5 septembre 1794,
après avoir remporté une victoire complète sur
les troupes républicaines, et laissant la réputa-
tion d'un des hommes les plus hardis et les plus
chevaleresques de la guerre civile. (*Histoire
de la Vendée militaire*, par Crétineau-Joly).

2º Jean-Louis, comte DE SARRAZIN, qui continue la
filiation :

3º Marie DE SARRAZIN, mariée à Joseph-Dominique,
comte DE REYNAUD, neveu de François-Domi-
nique DE REYNAUD, comte DE MONTLOSIER, Pair de
France. Elle en a eu une fille : Marie DE REYNAUD,
mariée à son cousin, Francis DE REYNAUD,
comte DE MONTLOSIER, dont elle a eu un fils
unique : Francis DE REYNAUD, comte de MONT-
LOSIER.

XIIe DEGRÉ.

Jean–Louis, comte DE SARRAZIN, officier de la marine royale avant la Révolution, emprisonné sous la Terreur, mort à Clermont, le 11 décembre 1839.

Il avait épousé Antoinette-Émilie DE SAMPIGNY, fille de François–Charles, comte DE SAMPIGNY, marquis D'EFFIAT, chevalier de l'ordre royal et militaire de Saint–Louis, lieutenant des maréchaux de France à Riom, et arrière petite–fille de Louis-Iguace-Rehès, comte DE SAMPIGNY et D'ISSONCOURT, conseiller, secrétaire d'État, garde des sceaux, surintendant des finances et premier ministre du duc Léopold de Lorraine, en 1708, qui avait acquis le marquisat d'Effiat, en Auvergne, en 1728. La famille DE SAMPIGNY s'est alliée à celles DE VIRY, DE ROSNYVINEN DE PIRÉ, DE VICHY, DE TRENQUALYE, GUYOT DE SAINT-AMAND, DUROC DE BRION, DE GELLENONCOURT, DE LONGUEIL, etc.

De ce mariage sont issus :

1º François–Charles–Marien–Emile, comte de SARRAZIN, qui suit :

2º Ignace-Hyacinthe-Hercule, vicomte de SARRAZIN, mort sans alliance, en 1860.

3º Marie-Jeanne-Aménaïde DE SARRAZIN, sans alliance, habitant Clermont.

XIIIᵉ DEGRÉ.

François–Charles–Marien–Émile, comte DE SAR-
RAZIN, résidant en son château de Mazic, près Aurillac
(Cantal), et à Clermont.

Il a épousé Marie–Constance–Catherine–Fanny DE
CAMBEFORT DE MAZIC, fille de Jean-Joseph-Toussaint
DE CAMBEFORT DE MAZIC, et de Jacquette DE CHAMP-
FLOUR DE LORADOU. La famille DE CAMBEFORT est issue
de Pierre DE CAMBEFORT, consul de la ville d'Aurillac,
en 1395, dont les descendants ont rempli de hautes
fonctions dans la magistrature et dans l'armée, et
se sont alliés aux maisons DE PASSEFOND, DE LA ROQUE
DE SÉDAIGES, DE VEYRE, DE TOULOUSE-LAUTREC, DE
MONMÉJEAN, DE SERVIÈRES, etc.

De ce mariage sont issus :

1º Jean–Baptiste–Anne–Achille DE SARRAZIN, né en
    1824, encore sans alliance.

2º Léonide DE SARRAZIN, mariée en 1848 à Antonin-
    Raymond DE TAUTAL, d'une ancienne famille de
    la Haute-Auvergne.

3º Euphrasie DE SARRAZIN, mariée en 1850 à Louis
    DE POTROLLOT DE GRILLON, d'une noble famille
    du Bourbonnais.

4º Thérésia DE SARRAZIN.

BRANCHE

DES COMTES DE LAVAL

ISSUE DES SEIGNEURS DE LA FOSSE–SAINT–DÉONIS.

Xᵉ DEGRÉ.

Henri-Marien DE SARRAZIN, chevalier, comte DE LAVAL, marquis DES PORTES, capitaine de cavalerie au régiment d'Orléans, grand bailli d'épée du pays de Combrailles, fils aîné de Léonard DE SARRAZIN DE LA FOSSE-SAINT-DÉONIS et de Louise DE GAIN-MONTAGNAC.

Il avait épousé, en 1725, Catherine DE LA SAIGNE-SAINT-GEORGES, marquise DES PORTES, fille du baron DE LA SAIGNE-SAINT-GEORGES, d'une ancienne famille de la Marche, qui a donné un maréchal de camp, en 1649, et de Louise DE DURAT, qui était fille de Gilbert DE DURAT, marquis DES PORTES, grand bailli d'épée de Combrailles.

Il en a eu :

1º Claude-Louis, comte DE SARRAZIN-LAVAL, qui suit :

2º Gabrielle DE SARRAZIN-LAVAL, mariée en 1750 à François DU PEYROUX, chevalier, seigneur DE SAINT-MARTIAL, dont elle a eu : Étienne-Jean-

Louis, comte DU PEYROUX, qui fut convoqué à
l'assemblée de la noblesse de la Haute-Marche,
en 1789, et qui épousa Mlle DE GALARD DE
BÉARN.

XIᵉ DEGRÉ.

Claude-Louis DE SARRAZIN, comte DE LAVAL, chevalier, seigneur DE PÉRIGÈRES, MONS et LASSELOTS,
marquis DES PORTES et baron DE LIMONS, chevalier de
l'ordre royal et militaire de Saint-Louis. Né au château des Portes, en Combrailles, en 1726, lieutenant au régiment de La Tour-d'Auvergne, en 1744,
lieutenant de la compagnie colonnelle du régiment
de La Roche-Aymon, en 1745, se distingua à la bataille de Fontenoy, fut nommé capitaine au régiment
de Montmorency, en 1746, fit les campagnes de la
guerre de sept ans, abandonna le service, en 1762,
fut nommé chevalier de Saint-Louis, en 1763, et
lieutenant des maréchaux de France à Aigueperse,
peu de temps après. Il assista comme parent au contrat de mariage de Gilbert DE SARRAZIN DE BONNEFONT
et de Marie-Suzanne DE GALLOIS DE BEZAY, en 1773, et
mourut en son château de Périgères, en Auvergne,
en 1787.

Il avait épousé Françoise-Marie-Pétronille DE LORME
DE PAGNAC, dame DE PÉRIGÈRES, fille unique et héri-

tière de Jacques-Maurice DE LORME, comte DE PAGNAC, maréchal de camp des armées du roi, chevalier de Saint-Louis, dernier rejeton d'une famille qui avait fourni un grand maître de l'ordre de Saint-Jean de Jérusalem, en 1317, un commandeur de Malte, plusieurs comtes de Brioude et deux maréchaux de camp, et qui s'était alliée aux maisons DES AGES, D'ALBIAC, DE MEZIÈRES, DE LA SOUCHÈRE, DE BEAULIEU, DE BELVEZER-JONCHÈRE, DE DOUHET, DE BONNEVIE, DE MONTCLAR, DE JADON-SAINT-CIRGUES, etc.

De ce mariage sont issus :

1º Sigismond DE SARRAZIN–LAVAL, mort jeune.

2º Antoine-René, marquis DE SARRAZIN-LAVAL, page de la reine Marie-Antoinette, sous-lieutenant au régiment des chasseurs de Champagne, mort sans alliance, au commencement de la Révolution.

3º Claude-Louis–Suzanne, comte DE SARRAZIN-LAVAL, dont l'article suit :

4º Pierre-Camille, comte DE SARRAZIN-LAVAL, mort sans alliance.

5º Marie-Jeanne-Gabrielle, comtesse DE SARRAZIN-LAVAL, reçue chanoinesse de l'ordre de Malte, au vénérable chapitre de Saint-Antoine de Viennois, en 1788.

6º Suzanne, comtesse DE SARRAZIN-LAVAL, chanoinesse de l'ordre de Malte.

7º Louise, comtesse DE SARRAZIN-LAVAL, chanoinesse de l'ordre de Malte.

8º Marie DE SARRAZIN-LAVAL, religieuse.

9º Charlotte-Suzanne-Caroline, comtesse DE SARRAZIN-LAVAL, chanoinesse de l'ordre de Malte, morte à Clermont en 1846.

10º Euphrasie DE SARRAZIN—LAVAL, mariée à Gilbert DE LAVAL DES TERNES, frère du lieutenant-général baron DE LAVAL DE MURATEL. Elle a eu deux filles.

XIIᵉ DEGRÉ.

Claude-Louis-Suzanne, comte DE SARRAZIN et DE LAVAL, lieutenant-colonel d'infanterie, chevalier des ordres de Malte, de Saint-Louis et de la Légion d'honneur. Né au château de Périgères, en 1773, il a été reçu, de minorité, chevalier de l'ordre de Malte, en 1778. Émigré en 1791, il a servi à l'armée des princes, dans la coalition de la noblesse d'Auvergne ; à la solde de l'Angleterre, en 1794 ; passé aux dragons de Jarques, armée de Condé, en 1795, dans les hussards de Damas, en 1796, dans les dragons d'Enghien, en 1799, licencié même année. Il est entré au service de Russie en qualité de capitaine d'état-major. Brigadier des gendarmes de la garde du roi, rang de capitaine, en 1814 ; a suivi le roi à Gand en 1815 ; chef d'escadron le 1er mars 1815 ; capitaine au 3e régiment d'infanterie de la garde royale, rang de chef de bataillon, à la formation, même année ; chef de bataillon, rang de lieutenant-colonel, au 2e de la garde, en 1823 ; retiré du service en 1830. Il avait été blessé grièvement à l'affaire d'Oberkamlack, en 1796. Il a été nommé chevalier de Saint-Louis, et reçu par Monsieur (depuis le roi Charles X), en 1814; chevalier de la Légion d'honneur en 1822. Ses brevets, signés de la main du roi Louis XVIII, lui donnent le titre de comte DE SARRAZIN. Il est mort, sans alliance, en son château de Périgères, le 11 décembre 1846.

BRANCHE

—

Xe DEGRÉ.

Jean-Louis DE SARRAZIN DE LA FOSSE, chevalier, comte DE BANSON, lieutenant de cavalerie, second fils de Léonard de SARRAZIN DE LA FOSSE-SAINT-DÉONIS, et de Louise DE GAIN–MONTAGNAC. Il fit hommage au roi, en 1730, pour ses terres, seigneurie, comté et château de BANSON, en la sénéchaussée d'Auvergne.

Il avait épousé, par contrat passé au château de Banson, le 5 février 1726, Antoinette D'AUBUSSON, comtesse DE BANSON, donataire de son oncle Joachim D'AUBUSSON, comte DE BANSON, et dernière héritière de cette branche de la maison D'AUBUSSON.

Il en a eu :

1º Augustin, comte DE SARRAZIN-BANSON, qui suit :

2º Marie DE SARRAZIN-BANSON, mariée, en premières noces, à Paul DE NOZIÈRES DE MONTAL, marquis DE COTEUGE, et en secondes noces, à Yves-Amable, marquis DE LA ROCHEBRIANT. Elle est morte sans enfants de ces deux alliances.

XIᵉ DEGRÉ.

Augustin DE SARRAZIN, comte DE BANSON, chevalier, seigneur DE VILLEVIEILLE, MONTEIL, GIÈLE, etc., assista comme parent au contrat de mariage de Gilbert DE SARRAZIN DE BONNEFONT et de Marie – Suzanne DE GALLOIS DE BEZAY, en 1773.

Il épousa sa cousine germaine, Anne DE SARRAZIN-CHALUSSET, fille Jean-Louis DE SARRAZIN, baron DE BASSIGNAC, et de Marie D'AUBUSSON, comtesse DE CHALUSSET.

Ils n'ont eu que deux filles, mortes sans alliance.

BRANCHE

—

IXe DEGRÉ.

François DE SARRAZIN, chevalier, seigneur DU
BREUIL, DE GIOUX, etc., second fils de François DE
SARRAZIN DE LA FOSSE-SAINT-DÉONIS et de Jeanne MÉRI-
GOT DE SAINTE-FEYRE. Il est mort à Felletin, le 10 no-
vembre 1738, à l'âge de 68 ans.

Il avait épousé, en 1710, Marie-Gilberte-Thérèse
DE FEYDEAU, fille d'Yves DE FEYDEAU, écuyer, seigneur
DE RONTEIX, NONCELLIER, etc., conseiller du roi, com-
missaire des guerres, et de Marguerite GRANCHIER DE
RONTEIX, et sœur de Louise-Agnès DE FEYDEAU,
femme de Gilbert, marquis D'ARFEUILLE, capitaine
aux cuirassiers du roi. La maison DE FEYDEAU, d'ancienne noblesse de la Marche, a donné un garde des
sceaux de France, en 1752, un évêque d'Amiens,
un président au Parlement de Paris, un conseiller
d'État, un capitaine aux gardes françaises, et s'est

5

alliée aux maisons d'Arfeuille, de Daillon du Lude, de Cadier de Veauce, de Mesmes, de Juigné, etc.

De ce mariage sont issus :

1° Yves–Louis de Sarrazin, qui suit :

2° Messire de Sarrazin, seigneur de la Besse, ainsi qualifié dans l'acte de baptême de sa nièce, le 19 février 1740.

Xe DEGRÉ.

Yves-Louis de Sarrazin, chevalier, seigneur de Gioux, de Ronteix, du Noncellier, etc. Il est mort à Felletin, en 1744, à l'âge de 33 ans.

Il avait épousé Jeanne-Marie de Chalus, fille de François de Chalus, chevalier, seigneur de Saint-Fargol, et de Jeanne de Rochedragon. La maison de Chalus, issue des anciens comtes d'Auvergne, a pris son nom d'un antique château féodal qui dominait la plaine de Saint-Germain-Lambron ; elle a produit d'illustres chevaliers, et s'est alliée aux familles d'Alègre, de Chabannes, de la Tour-d'Auvergne, d'Aubusson, du Prat, de Saint-Priest, de la Roche-Aymon, de Villelume, de Montclar, de Pons de la Grange, de Servières, de Narbonne–Lara, etc.

De cette alliance sont issus :

1° Alexandre-Philippe-Joseph-François, marquis de Sarrazin, qui suit :

2º Jeanne-Françoise DE SARRAZIN DE RONTEIX, née à
Felletin, en 1740.

3º Louise-Aguès DE SARRAZIN, née à Felletin, en 1742,
mariée à Pierre DE COURTHILLE, comte de SAINT-
AVIT, dont postérité.

4º Claire-Charlotte DE SARRAZIN, religieuse.

XIᵉ DEGRÉ.

Alexandre-Philippe-Joseph-François, marquis DE
SARRAZIN, chevalier, seigneur DE GIOUX, RONTEIX,
NONCELLIER et autres lieux, colonel de cavalerie,
chevalier de l'ordre royal et militaire de Saint-Louis.
Né à Felletin, en 1741 ; cornette au régiment de
Belzunce–dragons, en 1757 ; capitaine–aide–major,
en 1762, capitaine-commandant, en 1778 ; major du
régiment de Ségur-dragons, en 1779 ; lieutenant-
colonel des chasseurs des Ardennes, en 1783 ; colonel du régiment des chasseurs de Champagne, en
1788 ; retraité peu de temps après, avec une pension
de 1,400 livres sur le trésor royal, et une autre pension de 800 livres sur l'ordre royal et militaire de
Saint–Louis. Il s'était signalé pendant la guerre de
sept ans, en Allemagne, et avait été nommé chevalier
de Saint-Louis, en 1779. Le roi Louis XVI lui a donné
le titre de marquis DE SARRAZIN, en 1779, dans son
brevet de major du régiment de Ségur-dragons, et

dans ses autres brevets, depuis cette époque. Il a assisté à l'assemblée de la noblesse de la Haute-Marche, à Guéret, en 1789, et est mort sans alliance, à Felletin, le 9 avril 1807.

DESCENDANCE

ROI SAINT-LOUIS.

—

Saint Louis, roi de France, épousa en 1234
Marguerite de Provence

 Dont il a eu entre autres enfants :

Robert de France, comte de Clermont, marié en 1272, à
Béatrix de Bourgogne, dame de Bourbon,

 Dont il a eu :

Louis Ier, duc de Bourbon ; pair de France, marié
en 1310, à
Marie de Hainaut,

 Dont il a eu :

Jacques de Bourbon, comte de la Marche, connétable
de France, marié en 1335, à
Jeanne de Chatillon-Saint-Paul,

 Dont il a eu :

Jean de Bourbon, comte de la Marche, gouverneur du
Limousin, marié en 1364, à
Catherine, comtesse de Vendôme.

Dont il a eu :

Louis DE BOURBON, comte DE VENDÔME, grand-chambellan de France, marié en 1424, à

Jeanne DE LAVAL,

Dont il a eu :

Jean DE BOURBON, comte DE VENDÔME, chevalier, marié en 1454, à

Isabelle DE BEAUVAU,

Dont il a eu :

François DE BOURBON, comte de VENDÔME, chevalier, marié en 1487, à

Marie DE LUXEMBOURG,

Dont il a eu :

François DE BOURBON, comte DE SAINT-PAUL, gouverneur du Dauphiné, marié en 1534, à

Adrienne D'ESTOUTEVILLE,

Dont il a eu :

Marie DE BOURBON, duchesse D'ESTOUTEVILLE, mariée en 1563, à

Léonor D'ORLÉANS, duc DE LONGUEVILLE, pair de France,

Dont elle a eu :

Eléonore D'ORLÉANS-LONGUEVILLE, mariée en 1596, à

Charles DE GOYON-MATIGNON, comte DE THORIGNY, fils du maréchal DE MATIGNON,

Dont elle a eu :

François DE GOYON-MATIGNON, comte DE THORIGNY, chevalier des ordres du roi, marié en 1632, à

Anne MALON DE BERCY,

Dont il a eu :

Charles-Auguste DE GOYON-MATIGNON, comte de GACÉ, maréchal de France en 1708, marié en 1681, à

Marie-Élisabeth BERTHELOT,

Dont il a eu :

Thomas-Auguste DE GOYON-MATIGNON, comte DE GÁCÉ, lieutenant-général, marié en 1720, à

Edmée-Charlotte DE BRENNE,

Dont il a eu :

Marie-Antoinette DE GOYON-MATIGNON, mariée en 1743, à

Claude-Constant-Esprit JUVÉNAL D'HARVILLE DES URSINS, marquis DE TRAISNEL, lieutenant-général,

Dont elle a eu :

Marie-Antoinette D'HARVILLE DE TRAISNEL, mariée à

Eugène-Octave-Augustin, marquis DE ROSEN, colonel de cavalerie, dernier descendant du maréchal DE ROSEN,

Dont elle a eu :

Sophie DE ROSEN, veuve en premières noces du prince - DE BROGLIE, maréchal de camp, député de la noblesse aux États-Généraux de 1789, et remariée en 1795, à

Marc-René-Marie DE VOYER, marquis D'ARGENSON, arrière-petits-fils du garde des sceaux D'ARGENSON,

Dont elle a eu :

.Victorine DE VOYER D'ARGENSON, mariée en 1825, à

André - Rodolphe - Claude - François - Siméon , comte DE CROY,

Dont elle a eu :

Claire-Marie-Gabrielle DE CROY, mariée en 1850, à

Allyre-Charles-Augustin, comte DE SARRAZIN,

Dont :

1º Raoul-Gilbert-Adrien-Victor DE SARRAZIN.

2º Adrien-Jean-Gabriel DE SARRAZIN.

Descendants du roi saint Louis à la vingtième génération.

OUVRAGES A CONSULTER.

—

Imprimés :

Coutumes d'Auvergne, par M. CHABROL, Conseiller d'État, année 1784, 2ᵉ volume, page 205, et 4ᵉ volume, pages 152, 348, 765, 794 et 808.

Nobiliaire d'Auvergne, par M. BOUILLET, ouvrage couronné par l'Académie des Inscriptions et Belles-Lettres, 6ᵉ et 7ᵉ volumes.

Revue historique de la noblesse, par M. DE MARTRES, 4ᵉ volume.

Nobiliaire universel, par le vicomte DE MAGNY, 4ᵉ volume.

Annuaires de la noblesse, par M. BOREL D'HAUTERIVE, années 1848 et 1853.

Chronologie du Chapitre de Saint-Julien de Brioude, par MM. DANTIL et DE CHAVANAT, anciens chanoines-comtes de Brioude.

Histoire de l'Ordre militaire de Saint-Louis, par M. Théodore ANNE.

Collection de Mémoires relatifs à l'Histoire de France, par MM. MICHAUD et POUJOULAT : *Mémoires* de Jean SARRAZIN, chambellan de Saint-Louis.

Histoire de la Vendée militaire, par M. CRÉTINEAU-JOLY, 3ᵉ volume pages 184 et suivantes.

Almanach royal de 1790.

Annuaires militaires avant la Révolution.

Biographie universelle de MICHAUD.

Manuscrits :

BIBLIOTHÈQUE IMPÉRIALE, TITRES MANUSCRITS :

Armorial d'Auvergne de l'année 1450, où sont peintes les armes de la famille DE SARRAZIN, à la page 224.

6

Extrait de la recherche de la noblesse d'Auvergne, par M. DE FORTIA, intendant à Riom : *Preuves de noblesse* faites par Christophe DE SARRAZIN DE BONNEFONT, en 1667.

Preuves de noblesse faites par demoiselles Marie Peyronelle et Amable-Adrienne DE SARRAZIN, devant M. D'HOZIER, pour la maison royale de Saint-Cyr, en 1708, 1709 et 1717.

Preuves de noblesse faites par Adrien-Jean-Paul-François-Anne DE SARRAZIN, devant M. D'HOZIER, pour l'École militaire, en 1785.

Extrait de la recherche de la noblesse du Limousin, par M. d'Aguesseau, intendant à Limoges : *Preuves de noblesse* faites par François DE SARRAZIN DE LA FOSSE SAINT-DÉONIS, en 1667.

Preuves de noblesse faites par demoiselle Gabrielle DE SARRAZIN, devant M. D'HOZIER, pour la maison royale de Saint-Cyr, en 1686.

Preuves de noblesse faites par Pierre-Antoine-Louis, Guillaume et Antoine-René DE SARRAZIN, devant M. D'HOZIER, pour les Pages de la maison du Roi et de la Reine, en 1745, 1780 et 1787.

ARCHIVES DE L'EMPIRE.

Aveux et dénombrement féodaux, et autres pièces relatives à la maison DE SARRAZIN, depuis l'an 1232.

BIBLIOTHÈQUE DE CLERMONT-FERRAND.

Manuscrits de Dom COLL, bénédictin, où l'on trouve un grand nombre de documents sur la famille de SARRAZIN.

Extrait de la recherche de la noblesse d'Auvergne en 1667, et *Généalogie* de la branche DE SARRAZIN DE BONNEFONT, numéros 226 et 227 des manuscrits de la bibliothèque.

ARCHIVES DU DÉPARTEMENT DU RHONE.

Preuves de noblesse faites par la famille DE SARRAZIN au Grand-Prieuré D'AUVERGNE, pour l'ordre de Malte.

POITIERS. — TYP. DE HENRI OUDIN.

www.ingramcontent.com/pod-product-compliance
Lightning Source LLC
Chambersburg PA
CBHW070858280326
41934CB00008B/1493